NOTICE HISTORIQUE

Sur M. le Marquis

DE LA FAYETTE.

NOTICE HISTORIQUE

Sur M. le Marquis

DE LA FAYETTE,

Suivie de la lettre d'un père à son fils, déséspéré de n'avoir pas été élu Officier dans la garde nationale.

L'orgueil n'aveugle point ceux que l'honneur éclaire.

Gresset.

Né le 1er septemb. 1757, dans un tems où le talent de gouverner étoit encore éclipsé par celui de combattre, M. le Marquis *de la Fayette* ne vit d'abord la carrière de la gloire que dans le métier des armes. La paix générale le condamnoit à une inaction pénible ; mais les mouvemens des Colonies angloises du nord de l'Amérique reveillerent bientôt en lui cette ardeur guerrière que lui avoient transmise ses ancêtres, dont l'un (le Maréchal *de la Fayette*) avoit été la terreur des Anglois. Dès qu'il eut appris que les Américains cherchoient des vengeurs contre leur patrie qui les opprimoit, il alla trouver les agens de cette république naissante, & leur communiqua la résolution qu'il avoit formée, de concourir à l'ouvrage de leur liberté. *Franklin* apperçut dans ce jeune militaire la fageffe & la valeur anticipées d'un guerrier expérimenté, & il accepta fes offres. Des obftacles fans nombre s'oppoferent à fon départ; il les furmonta, trompa la vigilance du miniftère, & tandis que les affaires des Colonies étoient dans le plus grand défordre, tandis que leurs milices, pref- que diffipées, fuyoient devant le général *Howe*, & qu'elles n'avoient ni argent, ni alliés, ni crédit, il fentit redoubler fon ardeur pour voler au fecours d'une nation menacée de retomber dans fon ancien efclavage. Le facrifice d'une partie de fa fortune fut néceffaire pour l'exécution de fon projet; il fit équiper, à fes frais, une fré- gate; il mit à la voile avec les Officiers envoyés par les Agens du Congrès, & fe chargea feul de la dépenfe de l'entreprife.

M. *de la Fayette* débarqua, au mois d'avril 1777, dans le port de Charles-Tonn, d'où il fe rendit fur le champ à Philadelphie, où le Congrès étoit affemblé. Il fe préfenta devant ce nouveau Sénat. *Je viens*, dit-il, *vous demander deux graces; l'une de fervir dans votre armée en qualité de fimple volontaire; l'autre, de ne recevoir aucuns appointemens.* Le Congrès, re- connoiffant, lui donna un brevet de Major- général, & ce fut avec ce titre que M. le Marquis *de la Fayette* se rendit à l'armée. *Washington* lut sur sa physionomie & dans sa confiance modeste le présage assuré de ses succès, & lui offrit sa maison. Quelques jours après, l'armée se mit en mouvement, & fut attaquée par le Général *Howe*. *Washington* auroit pu éviter un combat dont il prévoyoit l'issue : mais le Congrès lui avoit envoyé des ordres pour livrer bataille, & l'obéissance lui parut son premier devoir. M. *de la Fayette*, quoique décoré du titre de Major-général, ne voulut servir qu'en qualité de volontaire. Sa brigade fut repoussée ; en vain voulut-il, par ses exhortations & son exemple, la ramener à l'ennemi ; il reçut une blessure dangereuse à la jambe ; on le transporta à Philadelphie, d'où l'armée victorieuse le força de sortir pour aller chercher sa guérison dans les montagnes. Sa valeur impatiente ne lui permit pas d'attendre que sa plaie fût entièrement fermée ; il alla joindre le général *Green* dans le Jersey ; il sollicita & obtint le commandement d'un corps de milice pour aller reconnoître la position des ennemis. Dans sa marche il fut rencontré par un détachement d'Anglois & de Hessois, exercés à combattre, & familiarisés avec les périls de la guerre. M. *de la Fayette* n'avoit sous ses ordres que des hommes indisciplinés, mais que l'amour de la patrie rendoit intrépides. Il fe diffimule que les ennemis lui font fupérieurs en nombre, & il fond fur eux avec tant d'ordre & d'impétuofité, qu'il les difperfe fans combattre.

Washington écrivit lui-même au Congrès les détails de ce triomphe, & manda qu'il alloit confier à M. *de la Fayette* le commandement d'une divifion.

Lorfque la faifon r'ouvrit la campagne, M. *de la Fayette* fe rendit à Albani, où l'on affembloit une armée qui devoit tenter la conquête du Canada. Il en avoit ouvert l'avis & tracé le plan. Les obftacles paroiffoient infurmontables; il indiqua les moyens de les applanir. Mais, arrivé à Albani, il ne trouva ni le nombre d'hommes, ni la quantité de vivres & de munitions qu'on lui avoit promis. La lenteur que le Congrès mit dans cette opération, rendit le fuccès impoffible; le dégel furvint, & M. *de la Fayette* fut-affez maître de lui pour renoncer à une entreprife qui devoit flatter fon courage.

Plufieurs petits avantages, remportés fur les Américains, firent craindre que la fortune ne fe rangeât fous les drapeaux britanniques. Quelques républicains fanatiques parurent craindre auffi que *Washington*, après avoir été le libérateur de fon pays, n'en voulût être le tyran.

Son autorité fut bornée, & l'on mit des entraves à son génie. M. *de la Fayette*, ami du Général, usa de sa dextérité pour concilier les esprits. Le calme de son ame, son désintéressement, sa valeur éprouvée, lui faisoient exercer une espèce d'empire sur tous les cœurs. Il contribua à rétablir les affaires qui étoient dans le plus grand désordre. Les frontières du Canada & l'immense côte du Nord n'étoient défendus que par mille hommes, & ce nombre n'étoit pas suffisant pour résister aux troupes reglées & aux milices des ennemis, ainsi qu'aux hordes des Sauvages. D'un autre côté, l'armée de *Washington* étoit réduite à quatre mille hommes, dont la plupart étoient encore convalescens. Il falloit faire tête à dix-huit mille hommes aguerris & commandés par un général expérimenté. Malgré cette inégalité, il choisit une position si avantageuse, que l'ennemi n'osa l'attaquer dans son camp. M. *de la Fayette*, revenu de son commandement du Nord, eut celui d'un corps séparé. Il fut investi par l'armée Angloise, dont le nombre l'eût accablé; mais par ses manœuvres savantes il trouva le moyen de faire, sans perte, une retraite glorieuse.

Dès qu'il eut rejoint l'armée, il fut détaché à la tête de sa division, avec ordre d'attaquer l'arrière garde de l'ennemi. Il s'en acquitta avec autant d'intelligence que de courage, &, ayant commencé l'attaque, il fut soutenu par le gros de l'armée. Cette attaque fut vive & fanglante. Le 7 juin, *Washington* gagna la bataille de Monmouth. M. *de la Fayette*, dans cette journée, commanda fucceffivement l'avant-garde en fecond fous le général *Lee*, & enfuite la feconde ligne de l'armée. Dès que la victoire eut été décidée, on lui donna le commandement de deux mille hommes pour aller rejoindre *Sullivan*, qui, obligé d'évacuer Rhode-Ifland, ne pouvoit effectuer fa retraite fans s'expofer à être battu. M. *de la Fayette*, inftruit de fa pofition critique, quitta Bofton; &, après une marche forcée, il arriva à Rhode-Ifland, où fa préfence releva les courages abattus. Il fe mit à la tête des piquets & des corps deftinés à couvrir la retraite qui fut exécutée, fans perdre un feul homme. Ce fuccès lui mérira les remercîmens du Congrès, par l'organe du préfident; on configna dans les regiftres publics les détails de ce fervice fignalé, & on lui offrit, au nom des colonies, une épée ornée de figures allégoriques.

M. *de la Fayette* avoit alors 22 ans. Dès que fa patrie eut reconnu l'indépendance des Américains, il mit à la voile, & fe rendit en France pour aller procurer des fecours. Mais bientôt

il renonça aux jouiſſances multipliées que lui
offroient les hommages & l'admiration de ſes
compatriotes, pour repaſſer les mers & rentrer
dans la carrière de la gloire. Le jour de ſon dé-
barquement à Boſton fut marqué par l'allégreſſe
publique ; les habitans s'étoient rendus ſur le
port pour recevoir leur généreux défenſeur ; il
fut conduit au bruit du canon, des cloches &
des inſtrumens de muſique, dans la maiſon que
les officiers municipaux lui avoient préparée ;
des feux d'artifice furent allumés dans les places
publiques, &c. &c. les témoignages d'amour
étoient d'autant plus touchans, qu'on ignoroit
encore les ſervices qu'il avoit rendus à la cauſe
de la liberté pendant ſon ſéjour en France, où
il avoit obtenu des ſecours d'hommes, d'argent
& d'habits.

Il ſe déroba, le plus promptement qu'il put,
à l'empreſſement des peuples & au tumulte des
fêtes, & ſe rendit à l'armée, où il fut reçu avec
le même enthouſiaſme. On lui donna le commandement de l'Infanterie légère & des Dra-
gons. Cette campagne n'offre aucun événement
mémorable ; mais elle ne fut pas moins glo-
rieuſe pour les Américains, dont les généraux,
par leurs manœuvres & leurs campemens, obli-
gèrent les ennemis de ſe tenir enfermés dans
New-Yorck.

Cependant les Anglois avoient profité de leur supériorité pour se rendre maîtres des trois Etats du Sud. Ils ranimèrent toutes leurs forces contre la Virginie, dont la conquête devoit nécessairement entraîner la ruine de nos autres Colonies. Cette expédition fut confiée au général *Cornwallis*, qu'une continuité de succès avoit rendu la terreur de l'Amérique. Ce fut dans cette campagne que les François, commandés par M. le Comte de *Rochambeau*, soutinrent & même étendirent la gloire de leur nation. M. *de la Fayette*, à la tête de cinq mille hommes, fut chargé de la défense de la Virginie. Ce nombre n'étoit pas suffisant pour résister aux ennemis bien plus nombreux ; il fallut que la science suppléât à la force. M. *de la Fayette* suivit pas-à-pas le général *Cornwallis* sans se laisser entamer. Tout se réduisit à des escarmouches légères, & , par la science des campemens, il ôta aux ennemis les moyens d'engager une action générale : dans ce moment critique, ses soldats étoient sans argent, sans habits, sans souliers, & dans un pays où l'on avoit peine à se procurer des subsistances. L'exemple de leur Chef leur apprit à tout souffrir. Ils avoient soutenu, pendant près de cinq mois, tout le poids de la cause commune, lorsque les corps commandés par les généraux *Washington* & de *Rochambeau*, firent leur jonction avec eux. Alors *Cornwallis*, défefpérant de réfifter à tant de forces, ne vit d'autre reffource que de s'abandonner avec fon armée à la difcrétion du vainqueur. Plein d'admiration pour la valeur généreufe de M. *de la Fayette*, il demanda, comme une faveur, de ne traiter qu'avec lui, & de remettre fon épée dans fes mains. La modeftie de M. *de la Fayette* fe refufa à cet honneur, & il eut la gloire d'avoir préparé la victoire de deux Généraux.

Il fe rendit à Philadelphie, où il fut reçu en triomphe. Les Etats de Virginie lui témoignèrent leur reconnoiffance par un bufte, accompagné d'infcriptions honorables. Dans tous les lieux où il fe montroit, il recevoit le tribut de l'amour des peuples : enfin il partit pour la France, afin d'encourager le gouvernement à terminer par de nouveaux fecours l'ouvrage qu'il avoit commencé. Le Congrès ordonna à tous fes Miniftres en Europe de lui communiquer le fecret des affaires.

Les négociations effuyoient trop de lenteur pour le courage impatient de M. *de la Fayette* ; il réfolut de retourner en Amérique, & d'aller joindre à Cadix M. le Comte d'*Eftaing* avec huit mille hommes qu'il conduifit. Il étoit prêt à mettre à la voile, lorfqu'il reçut la nou-

velle de la conclufion de la paix & de l'indépendance des Colonies.

Les Etats de Virginie & de Penfylvanie, en
formant deux nouvelles Provinces ou Comtés,
leur ont donné le nom *de la Fayette*, nom que
l'humanité & la gloire rendront immortel dans
l'hiftoire des deux mondes.

LETTRE

D'un père à son fils infcrit parmi les soldats
de la garde-nationale , & désespéré de
n'avoir pas été élu Officier.

LA conduite que vous avez tenue jufqu'à pré-
fent, mon fils, a mérité les éloges de tous ceux
qui vous connoiffent, & j'avoue que j'y ai ap-
plaudi moi-même de bon cœur. Je m'enor-
gueilliffois entièrement d'avoir un fils bon citoyen, patriote zélé, qui fe montroit par - tout
avec avantage, s'armoit d'un fufil pour donner
la chaffe aux perturbateurs du repos public, &
établir l'ordre au milieu du défordre, affiftoit
régulièrement aux affemblées de fon diftrict,
prenoit plaifir aux difcuffions fouvent bruyantes
& tumultueufes de ces affemblées, & avoit le
bon efprit de s'y fouftraire en laiffant parler les

perſonnes qui avoient plus d'âge & d'expérience.
Je vous portois envie, je regrettois que mes
infirmités ne me permiſſent pas de vous accom-
pagner, & de partager vos travaux patrioti-
ques : mais rien n'a été comparable à la joie
que j'ai éprouvée, lorſque j'ai appris que vous
vous étiez fait inſcrire parmi les ſoldats citoyens.
» Mon fils, me diſois-je, a donc une véritable
» idée de la gloire ; il connoît, il aime la pa-
» trie, il eſt digne de la ſervir ; &, plus heu-
» reux que moi, il verra luire les jours tran-
» quilles de la liberté, après avoir eſſuyé les
» orages qui la précedent, après avoir aidé à
» les conjurer lui même ».

Je ne me diſſimulois pas que l'ignorance &
l'égoïſme d'une foule de ſybarites qui craignent
de réfléchir, qui en ſont même incapables,
chercheroient à couvrir de ridicule une inſti-
tution nouvelle, dont le but eſt au-deſſus de
leurs regards. Je ſavois d'avance que l'inexpérience de quelques ſoldats citoyens, un fuſil
porté à droite plutôt qu'à gauche, des jarrets
non tendus, des pieds mal alignés, des épaules
trop arrondies, &c. apprêteroient à rire à quelques gens oiſifs, feroient jaillir de leur eſprit
quelques mauvais calembourgs, & inſpireroient
à leur malignité quelques hiſtoires bien plattes,
bien invraiſemblables, dont ils égayeroient les
ſoupers.

Mais tout cela glissoit sur mon ame, & produisoit à peine en moi un sentiment de pitié. Je me flattois d'ailleurs que le regne du ridicule alloit disparoître. Un vice vaut mieux qu'un ridicule chez une nation courbée sous le joug, où la faveur & l'intrigue distribuent les graces ; mais chez une nation libre, dont tous les individus sont des citoyens qui s'occupent de la chose publique, où l'on n'a plus à craindre la mauvaise humeur d'un Ministre ou de sa Maîtresse : où l'on a mille moyens de se faire connoître & d'appliquer ses talens au service de la patrie, le ridicule a bien peu de prise, l'intention seule fait le prix des actions, & il n'y a que l'oisiveté & le vice qui puissent exciter le mépris.

Ainsi, mon cher enfant, bien tranquille sur ce qu'on pourroit dire ou ne pas dire des élémens de la garde nationale, bien assuré que quelques mois d'exercice & l'intelligence de la plupart de ceux qui la composent, lui donneroient bientôt un ensemble qu'il seroit injuste d'exiger d'elle, au moment qu'elle est formée, j'étois charmé que vous y fussiez inscrit, & je me réjouissois d'avance de vous voir en uniforme, au retour de la campagne.

Votre sœur m'écrit que l'élection des Officiers de votre district est enfin terminée, que vous n'avez pas été élu , & que vous en êtes inconsolable : vous vous répandez même, dit-elle, en propos injurieux à l'assemblée , vous prétendez que la cabale & l'intrigue ont dicté le choix qui a été fait; vous êtes outré de vous voir commander par des gens que vous croyez fort au-dessous de vous , qui n'ont point reçu de férules au collège, & dont quelques-uns ne savent pas même l'orthographe.

Ah ! mon fils , que vous m'humiliez ! vous n'êtes plus pour moi celui dont j'étois si fier d'être le père , & vos plaintes & vos regrets me prouvent que vos concitoyens ne se font point trompés. Je dirai avec *Brutus* :

Non , non , le consulat n'est point fait pour son âge ;
J'ai moi-même à mon fils refusé mon suffrage.
. . . .
Donne ton sang à Rome , & n'en exige rien ;
Sois toujours un héros ; sois plus , sois citoyen.

Mais j'aime à croire que, si la vanité l'emporte en ce moment sur le devoir, c'est que vous en ignorez toute l'étendue, c'est que vous, qui reprochez aux autres de n'être pas instruits, ne savez pas même ce que c'est qu'un citoyen & un soldat citoyen : si vous le saviez , mon fils, que vous seriez glorieux de pouvoir dire :

Je ne suis qu'un soldat !...

Que vous attacheriez peu d'importance à une distinction frivole, peu faite d'ailleurs pour votre inexpérience ! Vous voulez commander ; mais savez-vous obéir ? vous voulez commander ; mais avez-vous bien refléchi à tous les devoirs qu'impose le commandement ? avez-vous pensé aux suites fâcheuses que peut avoir quelquefois l'ignorance de celui qui commande ? Ce n'est point pour étaler votre petite vanité dans les promenades & les lieux publics, que la patrie vous appelle ; elle veut bien aggréer vos services ; ne voyez donc que ses bontés pour vous, & servez-la avec le zèle d'un vrai citoyen.

Si vous voulez mériter ce titre, songez que votre personne, vos forces, vos talens, vos facultés appartiennent de droit à la société d'hommes, c'est-à-dire, à la nation dont vous faites partie ; songez que, chez une nation libre, les intérêts privés ne font rien, & l'intérêt public est tout ; que la voix de la multitude est presque toujours celle de la vérité ; que tous les postes assignés à un citoyen pour le bien public, font également honorables ; que tout citoyen qui remplit les devoirs qui lui font imposés, est également estimable. Croyez-vous donc être au-dessus d'un honnête artisan, parce que ma fortune vous permet de vivre avec plus d'aisance? Il est plus utile à la patrie, & il a des ressources

plus

plus réelles que les vôtres. Pensez-vous que l'art de combiner ses idées , de distinguer le juste de l'injuste , de voir ce qu'il faut faire & ce qu'il faut éviter , tienne à quelques pensées passives dans la poussière des colléges , & que dans une délibération importante on ne puisse donner son suffrage , sans savoir l'orthographe ? Si un accident imprévu vous privoit de la fortune que je dois vous laisser , que feriez-vous ? que deviendriez-vous ? Au contraire qu'un ouvrier soit privé aujourd'hui de tout ce qu'il possède dans le monde , demain il aura à dîner, & ce dîner il l'aura gagné. C'est ce que dit *J. J. Rousseau* , beaucoup plus énergiquement que moi. « Au » lieu, dit - il , de recourir pour vivre à ces » hautes connoissances qui sont faites pour » nourrir l'ame & non le corps, si vous re- » courez, au besoin, à vos mains & à l'usage » que vous en savez faire, toutes les difficultés » disparoissent , tous les manèges deviennent » inutiles ; la ressource est toujours prête au mo- » ment d'en user. ... Vous n'avez plus besoin » d'être lâche & menteur devant les grands, » souple & rampant devant les fripons, vil plai- » sant de tout le monde, emprunteur ou vo- » leur, ce qui est à peu près la même chose » quand on n'a rien : l'opinion des autres ne vous » touche point, vous n'avez à faire votre cour

B

» à perfonne, point de fot à flatter, point de
» Suiffe à fléchir, point de courtifane à payer,
» & qui pis eft, à encenfer. Que des coquins mè-
» nent les grandes affaires, peu vous importe :
» cela ne vous empêchera pas, vous, dans votre
» vie obfcure, d'être honnête homme, & d'a-
» voir du pain. Vous entrez dans la première
» boutique du métier que vous avez appris :
» Maître, j'ai befoin d'ouvrage. Compagnon,
» mettez-vous là, travaillez. Avant que l'heure
» du dîner foit venue, vous avez gagné votre
» dîner : fi vous êtes diligent & fobre, avant
» que huit jours fe paffent, vous aurez de quoi
» vivre huit autres jours : vous aurez vécu li-
» bre, fain, vrai, laborieux, jufte ; ce n'eft
» pas perdre fon tems que d'en gagner ainfi ».

Voilà pourtant, mon fils, les gens que vous
méprifez ; ce font ces artifans laborieux & hon-
nêtes, qui devancent le jour pour fatisfaire à
nos befoins, que vous regardez comme vos
inférieurs : & cependant le laboureur & l'ar-
tifan forment les deux feules claffes d'hommes
qui foient entiérement libres au milieu d'une
nation qui jouit de la liberté : pour moi, je les
aime, je les eftime, & je vous affure que, fi
j'étois de votre âge, je ferois charmé d'avoir
pour Capitaine ou Lieutenant mon cordonnier,
bon citoyen, bon père de famille, & le plus

honnête homme du monde : je me ferois un plaifir de le fuivre , de prendre fes ordres , de manœuvrer à fon commandement, en lui re-commandant toutefois de ne pas me faire des fouliers trop courts ou trop étroits , & je me croirois affez honoré du beau titre de foldat-citoyen.

Ah ! vous n'en connoiffez pas le prix, vous ignorez ce qu'il peut fur une grande ame , vous ignorez ce que l'Etat attend de ceux qui le portent. Confondrez-vous un foldat-citoyen avec ceux que l'on paie pour défendre la patrie, & qui ont fervi plus d'une fois à l'opprimer ? les véritables défenfeurs de l'Etat ne font-ils pas fes membres? Ils font foldats par devoir ; ils ont à défendre leurs femmes, leurs enfans, leurs pa-rens , leurs terres , leur fortune, & plus que tout cela , leur liberté. Tant qu'un peuple fe défend lui - même, il eft fûr de refter libre ; rappellez-vous l'hiftoire de ces peuples dont le fouvenir excite encore notre refpect & no-tre admiration , & vous verrez la confirma-tion de cette vérité. Rome étoit pauvre, lorf-que Carthage étoit opulente : mais les foldats de Rome étoient citoyens, ceux de Carthage étrangers à la patrie, & Carthage fuccomba ; voyez parmi les peuples modernes quels font les peuples les plus libres ; parcourez la Suiffe

& sur-tout les petits cantons. Là tout particu-
lier qui se marie, est obligé d'être fourni d'un
uniforme qui devient son habit de fête, d'un
fusil de calibre & de tout l'équipage d'un fan-
tassin, & il est inscrit dans la compagnie de son
quartier : durant l'été, les dimanches & les jours
de fêtes on exerce ces milices selon l'ordre de
leurs rôles ; d'abord par petites escouades, en-
suite par compagnies, puis par régimens ; jus-
qu'à ce que leur tour étant venu, ils se rassem-
blent en campagne, & forment successivement
de petits camps, dans lesquels on les exerce à
toutes les manœuvres qui conviennent à l'Infanterie : de cette manière, toute la nation est
exercée, on a une belle & nombreuse armée
toujours prête au besoin.

Et ne croyez pas que ces citoyens armés se
plaignent des devoirs qu'on leur impose, se
permettent de regarder comme inutiles & in-
commodes des fonctions aussi respectables. Ils
sont aussi fiers à leur corps & sous les armes,
qu'à l'Hôtel-de-ville & au Conseil souverain.
Chaque citoyen se dit : « je sers la Patrie & je
suis à mon devoir, » & l'on a vu quelques-uns
de ces corps manœuvrer avec plus de perfec-
tion que des troupes réglées. Mais aussi, dans
le choix des officiers, on a aucun égard au
rang, au crédit & à la fortune, l'expérience &

les talens le décident, & chacun leur obéit avec joie dans les plus petits détails.

Je sens bien, mon fils, qu'il nous est impossible de nous dépouiller tout-à-coup des vieilles opinions : elles ne peuvent être détruites que peu à peu : mais il faut que les citoyens éclairés contribuent à les réformer ; il faut qu'ils donnent l'exemple du patriotisme & de la soumission volontaire ; il faut qu'ils préfèrent le rang de simple soldat aux vaines décorations de ceux qui commandent. C'est le seul moyen de faire naître un nouvel ordre de choses & d'opinions, aussi désirable pour le bien public. Méditez encore un passage de *J. J. Rousseau*, bien applicable aux circonstances actuelles.

» Une seule chose, dit-il, suffit pour rendre la
» Nation impossible à subjuguer ; l'amour de
» la Patrie & de la liberté, animé par les vertus
» qui en sont inséparables.... tant que cet amour
» brûlera dans les cœurs, il ne vous garantira
» pas peut-être d'un joug passager ; mais tôt
» ou tard il fera son explosion, secouera le joug
» & vous rendra libres. Travaillez donc sans
» relâche, sans cesse, à porter le patriotisme
» au plus haut dégré dans tous les cœurs...
» *Faites en sorte* que tous les citoyens se sen-
» tent incessamment sous les yeux du public ;
» que nul n'avance & ne parvienne que par la

» faveur publique, qu'aucun poſte, aucun em-
» ploi ne ſoit rempli que par le vœu de la Na-
» tion; & qu'enfin depuis le dernier noble, de-
» puis même le dernier manant juſqu'au Roi,
» s'il eſt poſſible, tous dépendent tellement de
» l'eſtime publique, qu'on ne puiſſe rien faire,
» rien acquérir, parvenir à rien ſans elle. De
» l'efferveſcence, excitée par cette commune
» émulation, naîtra cette ivreſſe patriotique qui
» ſeule fait élever les hommes au-deſſus d'eux-
» mêmes, & ſans laquelle la liberté n'eſt qu'un
» vain nom, & la légiſlation qu'une chimère »

Réfléchiſſez donc, mon fils, & ſurmontez cette petite vanité qui vous donnoit des regrets, au moins ridicules, qui vous empêchoit de ſentir l'importance du poſte auquel vous appelloit la Nation, en vous permettant de vous faire inſcrire parmi ſes défenſeurs citoyens, & honorez-vous du rang de ſimple Soldat que vous avez obtenu. Obéiſſez aux chefs particuliers que le choix de vos compatriotes a placés au-deſſus de vous; ne vous informez pas même quels ils ſont, ſi vous ne les connoiſſez pas. La voix publique ne s'eſt point trompée; ce ſont vos concitoyens, peut-être vos inférieurs dans l'or-dre des ſociétés particulieres, mais, à coup ſûr, vos égaux aux yeux de la Patrie, vos égaux re-lativement au bien public, & vos ſupérieurs lorſque vous êtes ſous les armes.

Je voudrois pouvoir vous développer ici les principes & les maximes que je viens de mettre sous vos yeux : mais ma lettre est déjà trop longue, mes yeux se fatiguent, & il faut que je finisse. J'espere cependant que vous êtes bien convaincu de la vérité de tout ce que je vous dis, que votre esprit & votre cœur suppléeront à ce que j'ai omis, & que vous serez peut-être honteux d'un moment d'erreur que je pardonne à la vivacité de votre âge.

Amour de la Patrie, obéissance & modestie : avec ces vertus, vous mériterez un jour le rang que vous avez désiré. Si vous vouliez des exemples particuliers, ils se présenteroient en foule ; mais qu'il me suffise ici de vous offrir celui du Commandant-général qui a été choisi par vos concitoyens. Il n'a pas dix ans plus que vous ; voyez le dégré de gloire auquel il est parvenu, mais voyez aussi les moyens qu'il a employés.

Lisez donc attentivement la notice historique que je vous envoye, vous y apprendrez à connoître le jeune Héros que la voix publique a appellé au commandement général de la garde nationale. Quel citoyen ne seroit pas honoré de servir dans un Corps qu'il commande ? Quel est l'envieux d'assez mauvaise foi, pour ne pas remarquer dans toutes ses demarches, dans toutes ses actions, dans tous ſes vœux, l'amour de la patrie & de la liberté, la modeſtie la plus ſcrupuleuſe & la plus ſoutenue, le coup d'œil le plus juſte & le plus pénétrant, la prudence la plus conſommée, la franchiſe & la loyauté des anciens tems, & le reſpect le plus aveugle pour le titre de citoyen ? Quel ſoldat pourroit deſirer un Chef plus illuſtre & plus digne d'étre aimé ?

Vous n'êtes pas ſans doute dans une poſition qui nous permette d'imiter en tout M. *de la Fayette* : mais, mon fils, les vertus s'appliquant à toutes les circonſtances, ſont de tous les tems & de toutes les ſituations : ſachez obéir comme lui, afin de mériter de commander un jour comme lui ; ſoyez modeſte, méme au milieu des plus grands ſuccès, pour vous les faire pardonner ; que toutes vos actions, toutes vos démarches ſoient marquées au coin de la nobleſſe & de la généroſité ; apprenez enfin de votre Général à être citoyen.

Adieu, j'eſpère que je vous reverrai ſous huit jours ſans humeur & ſans épaulettes.

L'orgueil n'aveugle point ceux que l'honneur éclaire,
Et je ſuis citoyen avant que d'être père.

De l'Imp. de la Veuve DELAGUETTE, rue de la Draperie, 1789.